Écrivains | numéro 7

MOLIÈRE,
L'ARTISAN DU RIRE

— De la farce à la grande comédie de caractère

par Faustine Bigeast

50MINUTES

Avec la collaboration d'Anne-Sophie Close

MOLIÈRE

- **Nom ?** Jean-Baptiste Poquelin, dit Molière.
- **Naissance ?** Né autour du 15 janvier 1622 à Paris.
- **Mort ?** Décédé le 17 février 1673 à Paris.
- **Contexte ?** Le règne de Louis XIV (1638-1715), qui constitue l'apogée de l'absolutisme de droit divin, et du classicisme, dont l'esthétique s'exprime pleinement dans le genre théâtral.
- **Œuvres majeures ?**
  - *Les Précieuses ridicules* (1659)
  - *Le Tartuffe* (1664-1669)
  - *Dom Juan* (1665)
  - *Le Misanthrope* (1666)
  - *L'Avare* (1668)
  - *Le Bourgeois gentilhomme* (1670)
  - *Les Fourberies de Scapin* (1671)
  - *Le Malade imaginaire* (1673)

Harpagon, Alceste, Sganarelle, Scapin... Autant de personnages qui peuplent notre imaginaire collectif et nous plongent dans l'univers truculent de Molière. Dramaturge du XVIIe siècle, celui-ci s'attache essentiellement à dépeindre, dans la trentaine de comédies qu'il nous a laissées, les travers de ses contemporains et les mœurs de son temps, marqué notamment par le règne personnel de Louis XIV, par la domination de la noblesse et par la mode des salons mondains. Ancrées dans leur époque, ses pièces n'en connaissent pas moins, aujourd'hui encore, un formidable succès. Dès lors, à quoi leur longévité peut-elle donc bien tenir ?

La réponse est simple : elle tient à la qualité de leur dramaturgie et au génie hors-norme de leur créateur. Car Molière cisèle véritablement son écriture pour la scène, lui qui fut acteur et chef de troupe avant de devenir écrivain et qui est, par conséquent, pleinement conscient des effets stylistiques qu'elle requiert. Il n'hésite pas, en outre, à recourir aux procédés comiques légués par la farce et la comédie italienne, toujours dans le but revendiqué d'amuser le spectateur. Enfin, il ne craint pas de railler de manière directe les ridicules de la nature humaine. Sa recette est inédite. Elle produit la grande comédie de caractère, que les théoriciens de la doctrine classique, occupés à réformer le théâtre, accueillent favorablement. Ces derniers considérant habituellement le genre comique comme inférieur à celui de la tragédie, le pari n'était pas gagné. Molière le relève haut la main.

L'AVÈNEMENT DE L'ABSOLUTISME

Homme du XVIIe siècle, Molière est témoin d'une évolution politique d'une importance capitale dans l'histoire de France. Il voit en effet le pouvoir royal se renforcer de manière exceptionnelle sous le règne de Louis XIV. Lorsqu'en 1943 celui-ci succède à son père, Louis XIII (1601-1643), il n'est âgé que de quatre ans. C'est donc le cardinal Mazarin (1602-1661), nommé Premier ministre par la reine mère et régente, Anne d'Autriche (1601-1666), qui gouverne à sa place. Au cours de son mandat, le prélat œuvre à la pacification du royaume en étouffant les nombreuses frondes (1648-1652), véritables révoltes ouvertes menées par les parlementaires et les princes contre son autorité. Il apaise également les relations extérieures en mettant fin à 24 années de guerre avec l'Espagne par la signature, en 1659, du traité des Pyrénées. Mais, surtout, il consolide les bases de la monarchie absolue que Louis XIII s'est efforcé de fonder. Un objectif l'anime : celui de rendre Louis XIV à même de diriger, le moment venu, sans le secours de l'un de ses pairs. Pour l'atteindre, il dispense au jeune roi une solide éducation, l'associe aux travaux de ses différents conseils et l'initie aux intrigues européennes.

En 1661, Mazarin meurt. Le règne personnel de Louis XIV débute alors. Conformément à la volonté de son maître, le souverain concentre le pouvoir entre ses mains. Il prend soin d'écarter la noblesse d'épée, dont il redoute les complots, hanté par le souvenir de la Fronde. Il lui préfère la noblesse de robe, acquise par l'achat d'offices, ainsi que la bourgeoisie, dans les rangs desquelles il nomme le plus souvent ses fonctionnaires, ses secrétaires d'État et ses ministres. Il s'assure ainsi une loyauté indéfectible de la part de ses sujets et une domination absolue, qui lui permettent d'asseoir son influence et d'imposer ses vues partout sans entraves. Sa réforme de l'administration, tout comme sa détermination à gouverner par lui-même, trouvent leur justification dans la notion de droit divin. Selon celle-ci, le monarque est le représentant direct de Dieu sur terre et se doit, par conséquent, d'incarner entièrement sa fonction. Louis XIV, qui a une conscience aiguë de son devoir, s'y plie avec un tel zèle que la postérité lui attribue, à tort ou à raison, cette phrase lapidaire : « L'État, c'est moi. » Il devient ainsi, pour ses sujets, le Roi-Soleil qui rayonne depuis Versailles, où il a installé sa cour et où il donne des fêtes somptueuses, vitrines éclatantes de sa puissance.

LA PRÉÉMINENCE DU CLASSICISME

Siècle de l'absolutisme sur le plan politique, le XVIIe est celui du classicisme sur le plan artistique. Telles sont les deux caractéristiques majeures qui le distinguent. Loin d'être indépendantes, celles-ci sont intimement liées. Le plein essor du classicisme, que les spécialistes situent entre 1661 et 1685, coïncide en effet avec l'apogée du règne personnel de Louis XIV. Le phénomène trouve son origine dans la nature même du régime, qui dicte une politique de prestige dans le domaine des arts. Conscient de leur pouvoir et, donc, du bénéfice qu'il peut en retirer, le souverain les institutionnalise et les professionnalise. Il fonde, entre autres, l'Académie de France à Rome, l'Académie royale de musique et l'Académie royale d'architecture. Il instaure également le mécénat d'État en règle et pensionne nombre d'artistes. Parmi ces derniers figurent le Bernin (1598-1680), Louis Le Vau (1612-1670), Charles Le Brun (1619-1690), Jean-Baptiste Lully (1632-1687) ou encore Jean Racine (1639-1699), pour ne citer qu'eux. Certes, Louis XIV a pour but ultime de nourrir une propagande destinée à célébrer, à l'intérieur comme à l'extérieur des frontières du royaume, sa grandeur. Mais il n'en reste pas moins que, grâce à son action et aux largesses qu'il dispense, il favorise de manière exceptionnelle la créativité de son temps.

<u>MÉCÉNAT ET CENSURE AU XVIIe SIÈCLE</u>

Le mécénat est la condition *sine qua non* pour que les artistes du XVIIe siècle puissent pratiquer leur discipline. Il leur apporte non seulement un soutien financier essentiel, mais aussi la protection d'une figure d'autorité. Il faut en effet préciser que la censure est redoutable à l'époque. Nombre d'écrivains se voient accablés d'amendes, envoyés en prison, voire condamnés aux galères. Si Louis XIV s'impose comme le premier mécène du royaume, hauts fonctionnaires et nobles ne se privent pas de l'imiter. Il en va ainsi de Nicolas Fouquet (1615-1680), surintendant des Finances, et du prince Louis II de Bourbon-Condé (1621-1686), qui patronnent respectivement Jean de La Fontaine (1621-1695) et Pierre Corneille (1606-1684), Jacques Bénigne Bossuet (1627-1704) et Jean de La Bruyère (1645-1696), pour ne citer qu'eux.

L'air du temps, sous Louis XIV, est définitivement au classicisme. Il est imprégné des réflexions d'artistes unis par le même goût de l'harmonie, animés par le même idéal du beau. De ces réflexions résultent une doctrine, mais aussi une esthétique dont la marque est la quête de l'ordre, de l'équilibre et de la perfection. En littérature, l'une et l'autre sont amorcées par les travaux de l'Académie française, organe de normalisation de la langue créé en 1635. Elles ne sont, en revanche, théorisées de manière formelle qu'en 1674, dans *L'Art poétique* de Nicolas Boileau (1636-1711). Avant cela, elles trouvent leur plus belle expression sous les plumes de Pierre Corneille, de Jean de La Fontaine, de Jean Racine et, bien sûr, de Molière. Ces grands noms, qui les mettent en pratique dans leurs œuvres, contribuent tout autant à leur définition et à leur diffusion. Comme l'indique l'échantillon qu'ils composent, le théâtre en est le principal vecteur.

Ce genre, bien plus que le roman, se développe en effet considérablement au XVIIe siècle. À travers lui, il s'agit de plaire aux honnêtes gens et de les toucher. L'application de règles précises doit permettre d'y parvenir. Parmi elles, mentionnons l'imitation des Anciens (c'est-à-dire des auteurs de l'Antiquité gréco-romaine), l'adaptation du style au sujet, l'effet de naturel, la vraisemblance, la bienséance et, enfin, le respect des unités de temps, de lieu et d'action. La visée n'est autre que moralisatrice, les dramaturges classiques se proposant d'amener le public à se pencher sur ses propres passions et à s'amender.

Le XVIIᵉ siècle voit aussi se développer l'esthétique baroque. Celle-ci se caractérise par une recherche poussée du spectaculaire et de l'émotion. En architecture, le baroque privilégie les volutes, les colonnes torses et les marbres colorés, frôlant parfois la surcharge décorative. Au théâtre, il favorise les retournements de situation, l'illusion et la passion. Il s'oppose en cela au classicisme, dont la doctrine est directement nourrie du rationalisme ambiant défendu par le philosophe René Descartes (1596-1650).

BIOGRAPHIE

UNE DESTINÉE CONTRARIÉE

Molière, dont le nom de baptême est Jean-Baptiste Poquelin, naît à Paris en janvier 1622. Fils, petit-fils et neveu de marchands tapissiers, il appartient à une famille aisée de la bourgeoisie et reçoit donc une éducation de qualité. Pour preuve, il étudie jusqu'en 1639 dans un établissement dirigé par les jésuites et fréquenté par les enfants de la noblesse : le collège de Clermont, aujourd'hui lycée Louis-le-Grand.

En 1631, son père rachète à son propre frère une charge de « tapissier ordinaire du roi », en vue de la lui transmettre. Il s'agit là d'un gage pour l'avenir, car elle assure à son détenteur d'être l'un des fournisseurs de la cour. Cependant, le jeune Jean-Baptiste Poquelin a peu d'attrait pour le métier. Aussi part-il à Orléans poursuivre des études de droit et passer, avec succès, sa licence en 1642. Durant cette période, il fraie avec les milieux libertins, au sein desquels la liberté d'esprit est placée au-dessus de tout et la religion largement remise en question. Il renoue également avec une passion initiée chez lui par son grand-père, qui l'emmenait au spectacle : celle du théâtre.

L'année 1643 marque un tournant radical dans sa vie, puisqu'il renonce à l'office que son père lui réservait et fonde avec sa maîtresse, la comédienne Madeleine Béjart (1618-1672), l'Illustre Théâtre. Mais les débuts sont difficiles. La concurrence est rude, la situation financière et les conditions d'exercice précaires. En 1645, n'ayant plus de quoi payer les chandelles indispensables à l'éclairage de la scène, l'entreprise fait faillite et son instigateur, qui a entretemps pris le nom de Molière, se retrouve pour quelques jours en prison. Nécessité faisant loi, la troupe quitte Paris pour tourner en province.

D'UTILES PROTECTIONS

L'aventure de Molière sur les routes de France lui est bénéfique. Dès 1645, le comédien reçoit, avec les membres de la famille Béjart qui l'accompagnent, la protection du duc d'Épernon (1592-1661). Celui-ci les intègre à la troupe de Charles Dufresne (vers 1611-1684), qu'il patronne déjà, et les fait participer aux fêtes qu'il donne, tout en leur laissant la liberté de se produire devant d'autres seigneurs de haut rang.

En 1653, le duc d'Épernon cède la place au prince de Conti (1629-1666). Molière joue alors essentiellement des tragédies, qui sont au goût de l'époque et au nombre desquelles figure *Andromède* (1650) de Pierre Corneille. Fait notable, il commence également à écrire ses propres comédies (*L'Étourdi*, 1654, ou *Le Dépit amoureux*, 1656) pour diversifier son répertoire et conquérir un public non acquis. Il est vrai que les grands sont versatiles et qu'ils peuvent lui retirer leurs faveurs sans préavis. La suite de l'histoire le confirme.

En 1657, le prince de Conti se mue en un austère dévot. Tout empreint de religiosité, il considère désormais le théâtre comme une œuvre du diable et prive Molière de son appui. Qu'à cela ne tienne ! Le moment de dépit connu, bien que relatif, conforte le comédien dans son choix de vie et lui donne l'envie de retenter sa chance à Paris. Là, sa troupe est agréée et pensionnée par Monsieur (1640-1701), frère unique de Louis XIV. L'occasion lui est donnée de jouer devant le souverain, qui est séduit et lui octroie le droit de s'installer au Petit-Bourbon, une salle prestigieuse occupée par les comédiens italiens.

ENTRE SUCCÈS ET POLÉMIQUES

Grâce à la concession de Louis XIV, la troupe de Molière occupe, dès 1658, une position privilégiée à Paris. Mais elle n'atteint réellement la gloire qu'un an plus tard, suite à la première représentation des *Précieuses ridicules*. La pièce, écrite par Molière lui-même, plaît à tel point qu'elle est jouée plus de 40 fois, chose exceptionnelle pour l'époque. Le peuple, les dignitaires du royaume et, comble de la consécration, le roi en personne s'enthousiasment pour elle. L'engouement général qu'elle suscite n'empêche pourtant pas des voix discordantes de s'élever, promptes à la borner au genre méprisé de la farce et à amoindrir ainsi le mérite de son auteur. Il faut dire que l'admiration nouvelle dont ce dernier fait l'objet attise la jalousie des troupes concurrentes. Dès lors, tout prétexte est bon pour le conspuer. La tâche est facile, sa vie privée autant que son œuvre donnant du grain à moudre aux détracteurs.

En 1662, Molière épouse Armande Béjart (1640/1642-1700). On suppose que la mariée, de 20 ans sa cadette, est la fille de son ancienne compagne, Madeleine Béjart. Les accusations d'inceste pleuvent. La même année, il donne *L'École des femmes*, qui rencontre elle aussi un beau succès. Comme il y traite de la question hautement sensible de l'éducation féminine, les dévots font entendre leur point de vue. En 1664, le dramaturge joue *Le Tartuffe*, une pièce dans laquelle il s'attaque ouvertement à l'hypocrisie religieuse. Une fois encore, les dévots ripostent. Leur virulence est telle qu'ils parviennent à faire interdire le spectacle jusqu'en 1669. Le désaveu n'est cependant pas celui de Louis XIV, dont la bienveillance à l'égard de Molière n'est en rien entamée par les critiques répétées. Le roi le pensionne et lui commande des comédies-ballets pour les fêtes de la cour. Ce n'est qu'en 1672 qu'il lui retire ses faveurs, suite aux intrigues de son rival Jean-Baptiste Lully. Molière meurt l'année suivante.

JEAN-BAPTISTE LULLY

Jean-Baptiste Lully est un compositeur d'origine italienne qui entre au service de Louis XIV en 1652. Simple violoniste dans un premier temps, il est promu surintendant de la Musique en 1661. Il collabore alors avec Molière à la création de pièces agrémentées d'intermèdes chantés et dansés. La comédie-ballet est née. Les deux artistes en produisent ensemble environ dix, dont la plus connue est *Le Bourgeois gentilhomme*. Bien que fructueuse, leur association est empreinte de tensions et prend fin brutalement en 1672, après que Lully ait œuvré pour s'assurer l'exclusivité des spectacles musicaux.

CARACTÉRISTIQUES

UN MAÎTRE DE LA COMÉDIE

Dramaturge aujourd'hui encore largement apprécié pour l'efficacité de ses pièces, Molière ne vient à l'écriture que dans un second temps. Il commence en effet sa carrière théâtrale comme acteur et chef de troupe de l'Illustre Théâtre, avant de proposer des textes de sa plume. À la différence de Pierre Corneille et de Jean Racine, deux de ses illustres pairs et contemporains, il a donc une connaissance intime de la scène et des recettes qu'elle impose pour conquérir et contenter le public. Cette connaissance influe nécessairement sur la manière dont il conçoit son art et dont il l'exécute. Pour en être convaincu, il n'y a qu'à considérer le soin avec lequel il rythme ses dialogues et compose ses monologues, conscient plus que nul autre de l'impact de la diction, ainsi que l'usage qu'il fait des répétitions, des langages savant et populaire ou encore du comique de mots, des calembours et des grossièretés. Une recherche l'anime : celle du rire. N'affirme-t-il pas, au travers de la voix de Dorante, son double dans *La Critique de l'École des femmes* (1663), que « faire rire les honnêtes gens » est une « étrange entreprise », dévoilant par là même la sienne ?

Au rire et, donc, à la comédie, Molière s'y adonne par défaut, résigné devant son incapacité à s'imposer comme un tragédien de renom. Lorsqu'il prend la plume, écrire des farces tient en effet de la gageure. Ce genre littéraire n'a pas bonne presse. Il est méprisé et jugé par trop populaire en raison de la simplicité de ses intrigues, de son amoralité, de son caractère outrancier et de l'hilarité qu'il provoque. Le cardinal de Richelieu (1582-1653) a d'ailleurs tenté de le faire oublier en œuvrant pour la comédie régulière, toute entière vouée aux gens de la bonne société. Mais Molière fait fi de ces considérations qui ne sont pas les siennes. Lui-même s'est amusé, enfant, des bouffonneries des bateleurs du Pont-Neuf, et il continue à s'amuser, adulte, de celles des comédiens italiens. Il s'inscrit donc dans leur lignée, recourant aussi bien au personnage typique du valet qu'au comique de gestes, c'est-à-dire aux mimiques, chutes et coups de bâton. Il use également de leur sujet de prédilection, à savoir le conflit des générations, de leurs plaisanteries burlesques et de leurs quiproquos.

Peu à peu, cependant, il s'éloigne de la farce et de son schématisme pour embrasser pleinement la comédie. Il renouvelle alors le genre en y incorporant les procédés dont il a fait son miel, et auxquels il se refuse à renoncer. Il le teinte aussi d'un réalisme psychologique subtil, conforme à son souci revendiqué de la vérité. La synthèse qu'il réalise, communément appelée comédie de caractère, est d'autant plus aboutie qu'elle accorde plaisir du public et portée morale. Le genre comique a enfin gagné ses lettres de noblesse.

UN SATIRISTE QUI FAIT MOUCHE

La comédie de caractère, telle que Molière l'élabore, ne suscite pas le rire en vain. À l'exemple de la farce, elle l'intègre au point d'en faire son essence même. Mais elle se distingue de cette dernière en conférant au rire une fonction didactique, chère aux théoriciens littéraires du XVIIe siècle, dans une volonté de réformer la conduite des hommes. Ces mots du dramaturge, qui éclairent sa conception du genre, en fournissent la preuve :

> « Les plus beaux traits d'une sérieuse morale sont moins puissants, le plus souvent, que ceux de la satire ; et rien ne reprend mieux la plupart des hommes que la peinture de leurs défauts. C'est une grande atteinte aux vices que de les exposer à la risée de tout le monde. »
> (MOLIÈRE, *Le Tartuffe*, Paris, Gallimard, 2013, p. 37)

Répondant désormais à une visée sérieuse, malgré la fantaisie qu'elle s'attache toujours à cultiver, la comédie acquiert une dignité nouvelle, qui lui vaut d'être qualifiée de « grande ». Elle n'en reste pas moins la cible des théologiens, selon lesquels elle serait plus dangereuse que bénéfique, plus distrayante qu'instructive. La condamnation des travers humains n'y est pourtant pas désamorcée par le rire. Au contraire, elle est décuplée par l'action cathartique de celui-ci, qui a pour effet de purger le spectateur de ses propres faiblesses en lui en montrant le ridicule. C'est sur cette action que Molière mise pleinement. Ainsi crée-t-il des personnages outranciers qui incarnent, à eux seuls, une obsession ou une passion excessive, déraisonnable. Pour ce faire, il s'inspire des types conventionnels déjà exploités dans la comédie d'intrigue, tels que le vieillard revêche ou le barbon, et il peaufine leur psychologie avant de les particulariser par quantité de détails, un vêtement, une appartenance familiale ou sociale, etc. D'une authenticité confondante, la personnalité de ces personnages ne manque pas de devenir objet de dérision et de réflexion.

Parmi les types humains auxquels Molière s'attaque avec succès, il y a bien sûr ceux de l'ambitieux, de l'atrabilaire et du cupide, développés respectivement dans *Le Tartuffe*, *Le Misanthrope* et *L'Avare*. Ils ne constituent toutefois pas la seule et unique cible du dramaturge. Loin de se cantonner à la critique de tristes caractères, celui-ci se livre également à une dénonciation piquante des usages de son temps. Grâce à sa rare acuité d'esprit, il excelle dans la comédie de mœurs, axée sur la peinture moqueuse des comportements et des rapports sociaux. Il fait alors des milieux aisés et mondains, agités par de nombreuses tensions, le cadre de ses intrigues. C'est là qu'il puise ses principaux thèmes, à savoir le snobisme des précieuses, l'arrogance des nobles, l'arrivisme des bourgeois, le pédantisme des savants ou encore la domination des pères et des maris, qu'il fustige dans *Les Précieuses ridicules*, *George Dandin* (1668), *Le Bourgeois gentilhomme* et *Les Femmes savantes* (1671), notamment. Il vise également de

manière récurrente les attitudes et habitudes du corps médical :
il met en effet l'accent sur l'ignorance et sur le charlatanisme des
médecins en leur attribuant un discours émaillé de faux latin, proche
du charabia, et ce dans pas moins de sept pièces, dont *Le Malade
imaginaire*. Au fil de son œuvre, une satire édifiante de la société du
XVIIe siècle se fait donc jour. Bien que prêtant toujours à rire, elle est
sans concession.

LES PRÉCIEUSES RIDICULES

Cette pièce, datée de 1659, met en scène deux bourgeoises de province fraîchement débarquées à Paris, Magdelon et Cathos. Nourries de préciosité, l'une et l'autre rêvent d'ascension sociale autant que d'amours galantes. Aussi éconduisent-elles les futurs époux que leur père et oncle, Gorgibus, leur a choisis, les jugeant trop peu courtois à leur goût. Prompts à se venger, les prétendants bafoués envoient chez elles leurs valets, grimés en hommes de qualité. Les péronnelles se laissent séduire, éblouies par la noblesse et l'élégance feintes de ces nouveaux admirateurs, jusqu'à ce que la supercherie soit révélée par les conspirateurs eux-mêmes.

MOREAU LE JEUNE, *Les Précieuses ridicules*, fin XVIIIᵉ siècle, dessin.

« Mascarille. Que vous semble de ma petite oie ? La trouvez-vous congruente à l'habit ?

Cathos. Tout à fait. »

Molière développe son intrigue en un seul acte et en prose. *Les Précieuses ridicules* se rangent donc au nombre des petites comédies, les grandes, au sens où les théoriciens l'entendent, s'écrivant en cinq actes et en vers. Encore empreintes des traits de la farce, comme en attestent les deux valets impudents, les coups de bâton donnés par leurs maîtres et le bon tour joué aux demoiselles, elles s'en distinguent néanmoins par leur portée morale. Elles marquent, de ce fait, un tournant majeur dans la carrière théâtrale et littéraire du dramaturge. Au travers d'elles, Molière ne se contente plus de faire rire le public : il cherche aussi à le faire réfléchir en lui mettant sous les yeux le spectacle grotesque d'un mouvement social perverti. Lorsqu'il compose sa pièce, que les critiques s'accordent à rattacher à la comédie de mœurs, en raison de sa tonalité satirique, la préciosité a fait long feu. Apparue au début du XVIIe siècle, cette dernière cultive le beau parler, la bienséance, l'honnêteté et la galanterie en réaction à la grossièreté qui gangrène la cour. Le salon mondain de la marquise de Rambouillet (1588-1665), qui réunit l'élite du temps pour des conversations, des débats, des lectures et des jeux, n'est autre que le prestigieux laboratoire de ses principes.

Dès 1650, cependant, il est supplanté par celui de Mlle de Scudéry (1607-1701), que fréquente non plus la noblesse, mais la bourgeoisie. L'idéal de la préciosité se dissout alors peu à peu pour devenir pure pose sociale. Il ne s'agit plus tant d'atteindre la perfection intellectuelle et morale que de la singer avec l'arrière-pensée de se rehausser. Des critiques ne tardent pas à se faire entendre. Elles amènent Molière, soucieux de conquérir le public parisien, à s'emparer du sujet. Ainsi le dramaturge crée-t-il les personnages de Magdelon et Cathos dans le rôle de bourgeoises provinciales qui ont mal interprété le sens de leurs lectures précieuses : les deux sottes n'en retiennent que le romanesque. Désireuses d'échapper à leur condition, qui les destine à un mariage d'argent et les exclut des cercles d'influence, elles se parent, se fardent et pérorent, croyant avoir intégré les codes de la distinction. Mais l'outrance, l'affectation de leurs manières et de leur langage, que trahissent leurs échanges avec Gorgibus, leur tuteur au bon sens naturel, comme avec Marotte, leur servante à la simplicité irréformable, ne fait que souligner leur snobisme et leur vacuité :

> « Magdelon. Il faut le recevoir dans cette salle basse, plutôt qu'en notre chambre. Ajustons un peu nos cheveux au moins, et soutenons notre réputation. Vite, venez nous tendre ici dedans le conseiller des grâces.
>
> Marotte. Par ma foi, je ne sais point quelle bête c'est là : il faut parler chrétien si vous voulez que je vous entende.
>
> Cathos. Apportez-nous le miroir, ignorante que vous êtes, et gardez-vous bien d'en salir la glace par la communication de votre image. »
> (MOLIÈRE, *Les Précieuses ridicules*, Paris, Larousse, 1990, scène 6, p. 52)

Ce sont ces dérives que Molière vise en premier lieu dans sa pièce. Elles lui offrent cependant l'occasion d'aborder en filigrane des thèmes qu'il ne cessera de décliner par la suite, à savoir la place des femmes dans la société et le refus de soi.

LE MISANTHROPE

Joué pour la première fois en 1666, *Le Misanthrope* met en scène Alceste, un personnage méprisant ses semblables autant que l'hypocrisie. Las, l'atrabilaire est amoureux de Célimène, une jeune femme coquette et mondaine. Il s'apprête d'ailleurs à la demander en mariage, quand deux autres soupirants font irruption, l'empêchant de concrétiser son projet. La prude Arsinoé, qui le chérit en secret, le met alors en garde contre l'inconstance de la demoiselle, rivale sérieuse. Ébranlé, mais toujours aveuglé, Alceste n'ajoute que peu de foi à ses propos. Deux lettres, preuves irréfutables de la duplicité de sa favorite, lui décillent néanmoins les yeux et le poussent à se retrancher dans la solitude.

Composé de cinq actes et écrit en alexandrins, *Le Misanthrope* appartient au genre de la grande comédie. Sa structure comme sa forme le rattachent en effet de manière incontestable à lui, même si elles n'en constituent pas les seules marques : à elles s'ajoutent un style soutenu, mais aussi, et surtout, une intrigue qui répond, en tous points, aux préceptes de la doctrine classique. *Le Misanthrope* raconte en effet la quête sentimentale d'Alceste et se déroule sur une journée, chez Célimène. La pièce met aussi en scène d'honnêtes gens, membres de la haute société, ainsi qu'en témoigne le ton élevé employé. Elle respecte enfin la règle des trois unités (d'action, de temps et de lieu), au même titre que la bienséance et la vraisemblance. Qui plus est, elle porte en elle la visée moralisatrice d'amender le spectateur en lui exposant les excès d'un caractère par trop entier.

Du fait de la conjonction de ces caractéristiques, *Le Misanthrope* se hisse au niveau de la tragédie et s'attire l'admiration de Nicolas Boileau, qui le cite en exemple dans son *Art poétique*. Il s'approche d'ailleurs d'autant plus de ce genre noble qu'il est empreint d'une certaine gravité. Ainsi le dénouement, qui laisse Alceste à sa solitude plutôt que de s'achever par un mariage, traditionnellement de rigueur dans la comédie, n'est-il pas heureux. Le personnage de l'atrabilaire, tiraillé entre son aversion pour ses semblables et son amour pour Célimène, entre son dégoût de l'hypocrisie et son attrait pour l'un de ses parangons, prête plus à sourire qu'à rire.

Portée sur les interprétations psychologiques, la critique établit parfois des rapprochements entre Alceste et Molière. Elle ne manque alors pas de voir dans les déceptions du personnage la trace de celles connues par le dramaturge vis-à-vis d'Armande Béjart, son épouse. Quoi qu'il en soit, la pièce reste une comédie. La preuve en est la dimension grotesque du héros, que n'atténue en rien l'ambiguïté qui le distingue. La contradiction qui anime Alceste est du meilleur ressort comique, elle qui accuse son ridicule tout en étant une source de conflit intérieur et de confrontations extérieures avec le sociable Philinte ou la mondaine Célimène. Il en va de même des emportements et des jurons, au travers desquels Molière met en exergue la vanité du personnage pour mieux en dénoncer la nature destructrice. Outre ce vice, le dramaturge égratigne également la superficialité des coquettes, incarnée par Célimène, la fatuité des courtisans, personnifiée par les marquis Acaste et Clitandre, et la fausseté des rapports sociaux.

LE MALADE IMAGINAIRE

Le Malade imaginaire, daté de 1673, est centré sur le personnage d'Argan. Hypocondriaque, celui-ci est obsédé par sa santé au point d'être aveugle à la sournoiserie de sa femme Béline, occupée à détourner son argent. Égoïste, il veut marier sa fille Angélique au neveu de son médecin, dans l'intention de bénéficier de soins réservés. Mais son projet compromet le bonheur de la demoiselle, qui s'est déjà promise au noble Cléante. La situation est si tendue que sa servante, Toinette, intervient et lui ordonne de faire le mort. La nouvelle de son décès réjouit Béline, tandis qu'elle afflige Angélique. La supercherie levée, la première s'enfuit et la seconde obtient le droit d'épouser son favori.

Moreau le Jeune, *Le Malade imaginaire*, fin XVIIIe siècle, dessin.

« Argan. Ah ! chienne ! ah ! carogne !

Toinette (faisant semblant de s'être cogné la tête). Diantre soit fait de votre impatience ! Vous pressez si fort les personnes, que je me suis donné un grand coup de la tête contre la carne d'un volet. »

Le Malade imaginaire, écrit en prose et constitué de trois actes, appartient au genre de la comédie-ballet. Apparue en 1661 avec *Les Fâcheux*, celle-ci n'est autre qu'une création commune de Molière et de Lully, le compositeur attitré de Louis XIV. Elle a pour caractéristique d'alterner des scènes dialoguées avec des scènes chorégraphiées, d'agrémenter l'intrigue dramatique d'intermèdes musicaux. Rassemblant en un même spectacle les trois disciplines phares que sont le théâtre, la danse et le chant, elle est considérée comme un divertissement complet et annonce l'opéra. Elle a d'ailleurs pour objectif principal le délassement du roi, qui en commande toujours l'exécution.

Le Malade imaginaire est cependant le fruit d'une initiative personnelle de Molière. L'auteur destine son œuvre au public parisien, qui a réservé un accueil chaleureux au *Bourgeois gentilhomme*, sa précédente incursion dans le genre. Pourtant, en 1673, il est fragilisé. Il est brouillé avec Lully, qui a manigancé contre lui afin de s'assurer le monopole des spectacles dansés et chantés. Il est en outre atteint, depuis plusieurs années déjà, d'une grave maladie pulmonaire qui l'affaiblit considérablement. Peu lui importe. Déterminé, Molière obtient la dérogation indispensable à la pratique pleine et entière de son art, et transpose sur scène ses ennuis de santé. Il collabore alors avec le compositeur Marc-Antoine Charpentier (1643-1704) et le chorégraphe Charles-Louis Beauchamp (1636-1719). Sa nouvelle pièce sera la dernière. Écrite au crépuscule de sa vie, elle n'est presque pas jouée de son vivant, puisqu'il meurt à l'issue de la quatrième représentation, après avoir été pris d'un malaise sur scène.

Le Malade imaginaire est marqué, en raison des problèmes qui accompagnent sa rédaction, d'un certain sérieux. Ainsi la pièce expose-t-elle un personnage angoissé au-delà de tout par la mort, un personnage inexorablement isolé de son entourage en raison de son hypocondrie. Mais malgré cela, elle reste une véritable fête pour le public. Son rythme soutenu, nourri par la succession rapide de scènes alternant avec des intermèdes musicaux, émerveille les spectateurs. Sa bouffonnerie, quant à elle, provoque un rire franc. Elle émane notamment des emprunts à la farce, parmi lesquels le truculent tour que Toinette, déguisée en médecin, joue à son maître pour se moquer de lui. L'apothéose finale, au cours de laquelle Argan est nommé médecin par un chœur de chirurgiens s'exprimant dans un latin ridicule, a également une importante force comique. La satire du corps médical, présenté comme un repaire de charlatans, et de la confiance immodérée des hypocondriaques en sa science arbitraire n'en est que plus jubilatoire et, partant, plus efficace.

MOLIÈRE, UNE SOURCE D'INSPIRATION

Dramaturge novateur, Molière marque durablement de son empreinte l'histoire de la littérature française. C'est qu'il s'inscrit dans une tradition, tout en la revitalisant. Avant lui dominent la farce, d'influence latine, et la comédie d'intrigue, d'influence italienne, deux genres respectivement tournés vers les jeux de scènes et vers l'action. Avec lui s'écrit la grande comédie de caractère, dont l'intérêt se porte sur le personnage, incarnation parfaite d'un vice. Car elle s'attache à offrir au spectateur une représentation fidèle de l'homme et de ses défauts, peints d'après nature, dans l'objectif de réformer sa conduite. Moralisatrice, elle s'enrichit également d'une dimension didactique jusqu'alors absente et acquiert ainsi une dignité comparable à celle de la tragédie. Cependant, Molière ne sacrifie jamais le plaisir à l'instruction : il équilibre l'un et l'autre de sorte à toujours susciter l'amusement. Ainsi n'hésite-t-il pas à recourir aux procédés de la farce, qu'apprécient peu les théoriciens de son temps, aboutissant à une synthèse inédite. Sous son action, le rire gagne en légitimité, à tel point qu'en 1680, soit sept ans après sa mort, sa troupe est associée à celle de l'Hôtel de Bourgogne pour fonder la Comédie-Française. L'institution, surnommée Maison de Molière, pérennise aujourd'hui encore son œuvre.

Caffiéri (Jean-Jacques), *Molière*, 1787, marbre, 166 cm, Paris, Comédie-Française.

Au XVIIe siècle déjà, Molière inspire un auteur qui s'adonne à la comédie dite « sérieuse » : il s'agit de Jean-François Regnard (1655-1709). À l'instar de son modèle, celui-ci s'attaque aux travers humains par la description de types à valeur universelle, tout en conservant un souci affiché du divertissement. Son *Joueur*, daté de 1696, en fournit la plus belle preuve.

Au XVIIIe siècle, ce sont Destouches (1680-1754) et Beaumarchais (1732-1799) qui perpétuent l'héritage du grand dramaturge. Le premier privilégie la portée morale de la comédie, puisqu'il s'en sert pour railler les ridicules et exalter la vertu. Il met en scène des caractères en proie à leurs faiblesses que le dénouement laisse transformés, comme dans *Le Glorieux*, rédigé en 1732. Le rire reste chez lui bien présent, mais de manière plus discrète. À l'inverse, Beaumarchais a une préférence pour l'aspect divertissant du genre. Il reprend ainsi les comiques de gestes et de situations prisés par Molière avant d'être largement dédaignés. Cependant, il ne se refuse pas pour autant à proposer une satire édifiante de la société de l'Ancien Régime, dont *Le Barbier de Séville*, publié en 1775, constitue le meilleur exemple.

Par la suite, au XIXe siècle, Alexandre Dumas (1824-1895) et Georges Feydeau (1862-1921) s'affirment eux aussi comme des successeurs de Molière. Là encore, cependant, l'un favorise le sérieux, comme c'est le cas dans *Le Fils naturel* (1858), une pièce didactique où est dénoncée l'hypocrisie, tandis que l'autre privilégie la farce. Au XXe siècle, enfin, Jules Romains (1885-1972) et Jean Anouilh (1910-1987) font revivre, à leur tour, l'esprit de Molière. Romains, pour sa part, ravive la satire d'un type professionnel au travers de *Knock* (1923), une pièce dans laquelle il brosse le portrait moqueur d'un médecin. Anouilh, quant à lui, remet la comédie de mœurs au goût du jour, avec *Ornifle ou le Courant d'air* (1955), par exemple, dans le but d'exposer au spectateur ses défauts et de condamner les corruptions familiales et sociales de son temps.

Loin de n'influencer que des écrivains, Molière inspire également, tout au long du XXe siècle, des metteurs en scène et des réalisateurs de talent qui contribuent, par leurs créations, à l'ancrer davantage encore dans la culture populaire. Les plus connus d'entre eux sont Louis Jouvet (1887-1951) et Ariane Mnouchkine (née en 1939), Gérard Corbiau (né 1941) et Patrice Chéreau (1944-2013). Le premier s'attèle à monter *L'École des femmes* en 1936. L'interprétation mémorable qu'il en offre, privilégiant la veine comique à la visée moralisatrice, s'impose immédiatement comme une référence et rencontre un tel succès qu'elle est jouée plus de 600 fois. Patrice Chéreau, lui, se penche sur *Dom Juan* en 1969. Iconoclaste, il en révèle la dimension politique par une lecture novatrice qui fut contestée avant d'être tenue pour remarquable. Ariane Mnouchkine, à la différence de ses pairs, choisit de ranimer Molière au cinéma plutôt que sur les planches. Son film éponyme (1978), dans lequel le rôle-titre est incarné par Philippe Caubère (né en 1950), retrace la vie du dramaturge et fait découvrir à des générations entières les joies et les peines qui l'ont jalonnée. Gérard Corbiau, enfin, évoque sa relation avec Louis XIV et Lully dans *Le roi danse* (2000), une œuvre dont l'originalité a su largement séduire le public.

Il n'est pas étonnant, compte tenu de la place occupée depuis plus de 300 ans par Molière dans le monde des lettres et des arts de la scène, que les trophées qui récompensent chaque année, en France, le meilleur de la production théâtrale portent son nom.

EN RÉSUMÉ

- Molière, maître incontesté de la grande comédie, est contemporain des règnes de l'absolutisme et du classicisme.

- Il fonde la troupe de l'Illustre Théâtre avec sa maîtresse, la comédienne Madeleine Béjart, en 1643. Simple acteur à l'origine, il en vient à prendre la plume afin de s'attirer un public populaire et, partant, de gagner en indépendance vis-à-vis de ses nobles protecteurs.

- S'il s'adonne d'abord au genre de la farce, il s'en éloigne ensuite peu à peu. Il continue néanmoins à user de ses procédés, qu'il mêle à un réalisme psychologique subtil, conformément à sa volonté de toucher à la vérité. Il renouvelle ainsi la comédie.

- Non content de donner à cette dernière ses lettres de noblesse, en accordant divertissement populaire et portée morale, il crée également, en 1661, le genre de la comédie-ballet avec le compositeur Jean-Baptiste Lully.

- Son talent, notamment dû à sa connaissance intime de la scène et de ses exigences, lui vaut la protection de Louis XIV – sa troupe est ainsi promue « Troupe du Roi » –, tandis que son esprit critique lui attire de nombreuses condamnations, dont celle du parti dévot.

- Ses pièces les plus célèbres sont *Les Précieuses ridicules*, *Le Tartuffe*, *Dom Juan*, *Le Misanthrope*, *L'Avare*, *Le Bourgeois gentilhomme*, *Les Fourberies de Scapin* et *Le Malade imaginaire*.

- Pour la plupart peintures de mœurs ou de caractères, elles dénoncent tantôt des comportements sociaux tels que le snobisme des précieuses, l'arrogance des nobles, l'arrivisme des bourgeois et le pédantisme des savants, tantôt des travers humains tels que l'ambition, l'asociabilité et la cupidité.

POUR ALLER PLUS LOIN

SOURCES BIBLIOGRAPHIQUES

- Canova (Marie-Claude), *La Comédie*, Paris, Hachette, 1993.
- Conesa (Gabriel), « Molière », in *Dictionnaire encyclopédique du théâtre*, Paris, Larousse, 2001, p. 1124-1127.
- Duchêne (Roger), *Molière*, Paris, Fayard, 1998.
- Horville (Robert), *Anthologie de la littérature française du XVIIe siècle*, Paris, Larousse, 1994.
- Mazouer (Charles), « Introduction », in *Farces du Grand Siècle*, Paris, Librairie Générale Française, 1992, p. 7-26.
- Molière, *La Critique de l'École des femmes*, Paris, Flammarion, 2011.
- Molière, *Le Malade imaginaire*, Paris, Larousse, 1991.
- Molière, *Le Misanthrope*, Paris, Larousse, 2011.
- Molière, *Les Précieuses ridicules*, Paris, Larousse, 1990.
- Molière, *Le Tartuffe*, Paris, Gallimard, 2013.
- Scherer (Colette et Jacques), « Le métier d'auteur dramatique », in *Le Théâtre en France*, Paris, Armand Colin, 1992, p. 209-266.

SOURCES ICONOGRAPHIQUES

- Caffiéri (Jean-Jacques), *Molière*, 1787, marbre, 166 cm, Paris, Comédie-Française. La photo reproduite est réputée libre de droits.
- Moreau le Jeune, *Le Malade imaginaire*, fin XVIIIe siècle, dessin. La photo reproduite est réputée libre de droits.
- Moreau le Jeune, *Les Précieuses ridicules*, fin XVIIIe siècle, dessin. La photo reproduite est réputée libre de droits.

50MINUTES
Art & Littérature
Business & Econom
Histoire & Société
Gestion & Marketing | numéro 9
LA PYRAMIDE DES BESOINS DE MASLOW
Pourquoi faut-il comprendre les besoins du client ?
Grandes Batailles | numéro 26
LA GUERRE DU KIPPOUR
Le conflit à l'origine du premier choc pétrolier
LE CARAVAGE ET LES JOUEURS

www.50minutes.com

Éditeur responsable : Lemaitre Publishing
Rue Lemaitre 6 | BE-5000 Namur
info@lemaitre-editions.com

ISBN ebook : 978-2-8062-6318-6
ISBN papier : 978-2-8062-6319-3
Dépôt légal : D/2015/12603/90
Photo de couverture : © Portrait de Molière (1873).

Conception numérique : Primento,
le partenaire numérique des éditeurs